No es un Monstruo

Claudia Guadalupe
Martínez

Ilustrado por
Laura González

Traducido por
Carlos E. Calvo

ɪɴɪ Charlesbridge

En las turbias aguas de un canal
a la orilla de una ciudad que alguna
vez fue un gran imperio,
hay un huevo.

huevo

gelatina

Dentro del huevo hay una cosa rara,
un mentado monstruo del agua que
no es un monstruo.

Sus ojos, boca, cola y aletas largas toman forma.

También se forman tres pares de branquias **rojas**.

branquias

Sale de su huevo, pero...
no es un monstruo.

Es un renacuajo que nada
bajo la luna **blanca**.

Le crecen patas **grises**
que se estiran en el agua.

Estas cuatro extremidades
son largas, con dedos flacos.

Luego, oscurece su color.
Es como un rayo **negro**
que pasa rápidamente.

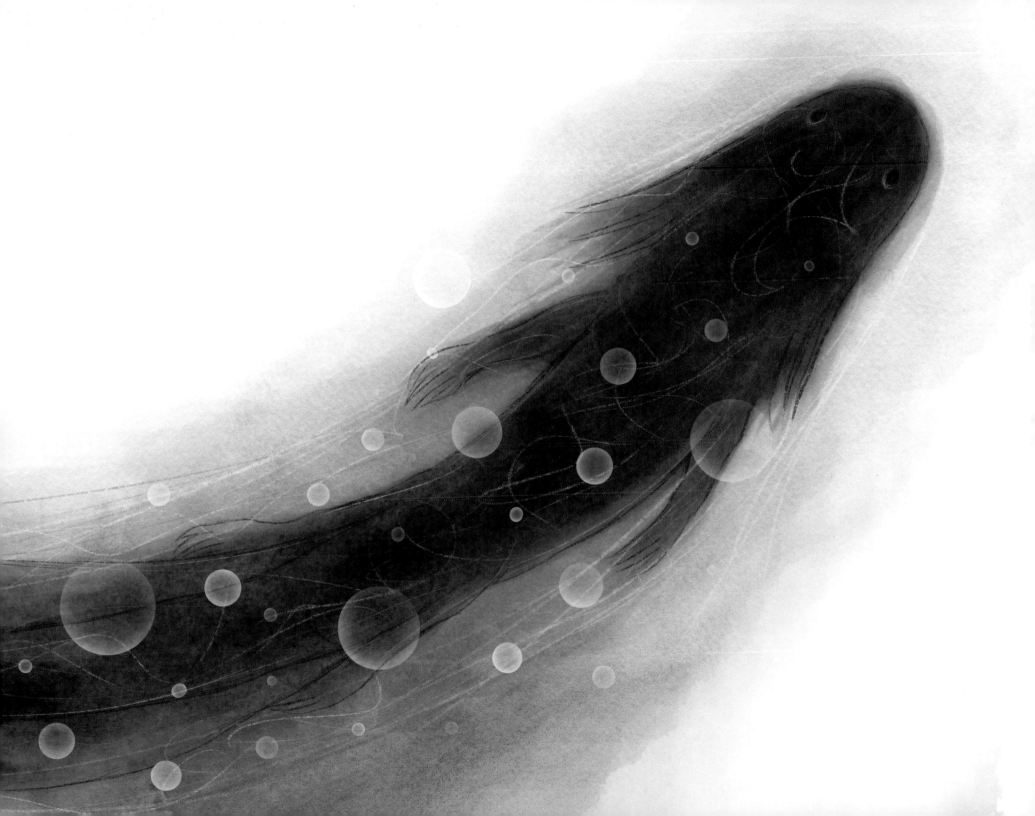

Se escapa de la carpa **amarilla** que devora todo a su paso.

Está a salvo.

Busca comida entre las raíces
de los lirios **rosados.**

Se hace un festín de insectos y pececitos que encuentra entre los lirios acuáticos.

Descansa debajo de la chinampa
verde, un jardín flotante.
Ya ha crecido completamente,
pero no es un monstruo.

Es un ajolote: una salamandra
que nunca perderá sus branquias
ni aletas, como otras salamandras.

Otro ajolote nada cerca. Levanta
la cola. Le da un empujoncito.
Es la danza del apareamiento.

A la mañana siguiente, eso que no es un monstruo se agarra a una cáscara de color **café**. Ahí pone sus huevos.

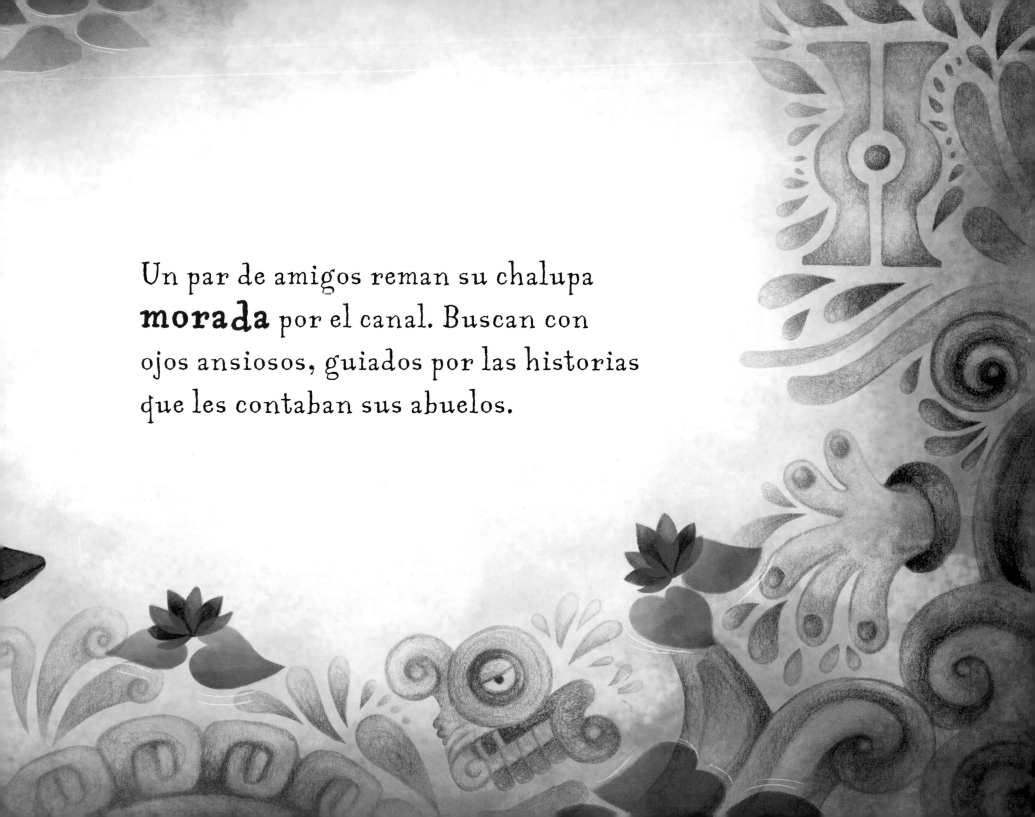

Un par de amigos reman su chalupa **morada** por el canal. Buscan con ojos ansiosos, guiados por las historias que les contaban sus abuelos.

Según los abuelos, hace mucho
el canal era un lago **azul**, tan azul que
era difícil distinguir dónde terminaba
el lago y dónde empezaba el cielo.

Les dicen que un día, el dios azteca
de las cosas monstruosas se
zambulló en el lago y se
convirtió en ajolote.

Los abuelos les
cuentan que los ajolotes
prosperaban en esas aguas,
pero con el paso de los años,
la gente contaminó los canales.

Los ajolotes empezaron a desaparecer y cuando el último sol **anaranjado** se ponga y todas las criaturas desaparezcan, será el final del paraíso.

Los amigos regresan día tras día a limpiar el agua. Los vecinos los ayudan a quitar el exceso de lirios acuáticos y otras raíces. También pescan bolsas y botellas de plástico.

Un día, uno de los amigos señala
hacia un lugar: "¡Huevos de ajolote!"
Cuando los huevos se rompen, hay
una explosión de vida. Los ajolotes
no han desaparecido.

Todavía hay esperanza para el paraíso.

Quizás sea por eso que
el ajolote sonríe.

NOTA DE LA AUTORA

La palabra ajolote está relacionada con el nombre del dios azteca de las cosas monstruosas, Xolotl. En el idioma indígena náhuatl, la palabra significa "montruo del agua" aunque al ajolote también se le suele llamar "perro del agua" o "pez caminador mexicano".

En realidad, el ajolote es una salamandra. Otros tipos de salamandra experimentan la metamorfosis durante su crecimiento: pierden las branquias, les crecen párpados y desarrollan grandes pulmones. Sin embargo, las larvas de ajolote se transforman en adultas sin pasar por una metamorfosis. Es decir que conservan las branquias y otras características que otros tipos de salamandra pierden, como la piel juvenil y las aletas. A diferencia de otras salamandras que regresan al agua únicamente para poner huevos, los ajolotes adultos son acuáticos a pesar de que tienen pulmones pequeños.

Los ajolotes suelen criarse en cautiverio. Muchas personas, entre las que me incluyo, tienen ajolotes como mascotas. También se usan en investigaciones científicas, ya que al estar en cautiverio crecen en gran cantidad y regeneran muchas partes de su cuerpo. Pero aunque haya muchos ajolotes en los laboratorios y como mascotas, es muy importante mantener la población natural, ya que ello contribuye a la diversidad genética. Las especies con diversidad genética son menos susceptibles a las enfermedades.

Desafortunadamente, los ajolotes están en peligro de extinción en su hábitat natural, los canales de Xochimilco de la Ciudad de México. Su mayor amenaza son las especies de peces invasivos y los humanos, quienes contaminan el agua de diferentes formas. Los residentes de la zona cometen la actividad ilegal de verter al canal aguas residuales y aguas tratadas con alto contenido de metales pesados.

En 1987, Xochimilco fue declarado Patrimonio Mundial de la Humanidad por la Organización de las Naciones Unidas para la Educación, la Ciencia y la Cultura (UNESCO, por sus siglas en inglés) y a lo largo de los años se han presentado muchos planes de preservación. Sin embargo, dichos planes siguen incompletos y sin recibir fondos de ayuda.

Tú puedes ayudar limpiando el hábitat natural de los ajolotes a través de organizaciones como Movimiento de Jóvenes por el Agua (MOJA, por sus siglas en inglés), World Wildlife Foundation, Earthwatch y El Laboratorio de Restauración Ecológica. Otra forma de colaborar es divulgar entre tus amigos, en la familia, en la escuela y en tu comunidad la importancia de proteger a los ajolotes silvestres.

Sirius (arriba) y Bellotrix (abajo), los ajolotes mascota de la autora

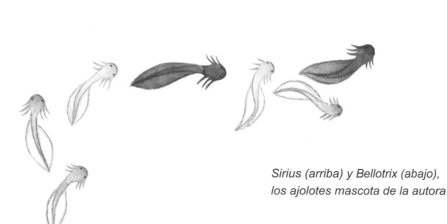

A Lui, por llevar a cabo una lucha justa—C. G. M.

En memoria de Jaime Gallegos—L. G.

Published by Charlesbridge
9 Galen Street, Watertown, MA 02472
(617) 926-0329 • www.charlesbridge.com

Library of Congress Cataloging-in-Publication Data
Names: Martinez, Claudia Guadalupe, 1978– author. | González, Laura, 1984– illustrator. |
    Calvo, Carlos E., translator.
Title: No es un monstruo / Claudia Guadalupe Martínez; ilustrado por Laura González;
    traducido por Carlos E. Calvo.
Other titles: Not a monster. Spanish
Description: Watertown, MA: Charlesbridge, [2024] | Translation of: Not a monster. |
    Audience: Ages 3–7 | Audience: Grades K–1 | Summary: "An axolotol egg hatches
    and matures in the Xochimilco canals in Mexico City, the only natural habitat of these
    unique salamanders that spend their lives in water."—Provided by publisher.
Identifiers: LCCN 2023011766 (print) | LCCN 2023011767 (ebook) | ISBN 9781623544836
    (hardback) | ISBN 9781632894267 (ebook)
Subjects: LCSH: Axolotls—Juvenile literature. | Rare amphibians—Juvenile literature.
Classification: LCC QL668.C23 M3718 2024 (print) | LCC QL668.C23 (ebook) |
    DDC 597.8/58—dc23/eng/20230330

Printed in China
(hc) 10 9 8 7 6 5 4 3 2 1

Illustrations created in traditional media and Photoshop
Hand-lettering of title by Laura González
Text type set in Aunt Mildred by MVB Design
Printed by 1010 Printing International Limited in Huizhou, Guangdong, China
Production supervision by Jennifer Most Delaney
Designed by Diane M. Earley